BENEDITO SÉRGIO VIEIRA DE MELO

VIA-SACRA DO SENHOR BOM JESUS

Nosso Senhor e Redentor

Contemplando a bondade e o amor de nosso Deus

SANTUÁRIO

DIREÇÃO EDITORIAL:
Pe. Marcelo C. Araújo

REVISÃO:
Camila C. Sanches Santos

COORDENAÇÃO EDITORIAL:
Ana Lúcia de Castro Leite

DIAGRAMAÇÃO:
Junior Santos

COPIDESQUE:
Leila Cristina Dinis Fernandes

CAPA:
Junior Santos

Textos extraídos da Bíblia Sagrada de Aparecida, da Editora Santuário.

**Dados Internacionais de Catalogação na Publicação (CIP)
(Câmara Brasileira do Livro, SP, Brasil)**

Melo, Benedito Sérgio Vieira de
Via-Sacra do Senhor do Bom Jesus: nosso Senhor e Redentor: contemplando a bondade... / Benedito Sérgio Vieira de Melo. – Aparecida, SP: Editora Santuário, 2013.

ISBN 978-85-369-0273-9

1. Jesus Cristo – Ensinamentos 2. Via-Sacra 3. Via-Sacra - Meditações I. Título.

12-07499   CDD-232.96

Índices para catálogo sistemático:

1. Via-Sacra: Meditações: Cristianismo 232.96

Todos os direitos reservados à **EDITORA SANTUÁRIO** – 2013

Composição, em sistema CTcP, impressão e acabamento:
EDITORA SANTUÁRIO - Rua Padre Claro Monteiro, 342
Fone: (12) 3104-2000 — 12570-000 — Aparecida-SP.

"Tendo nos amado, amou-nos até o fim."
(Jo 13,1)

APRESENTAÇÃO

A Via-sacra (caminho sagrado) é uma prática de fé e piedade muito antiga! Há indícios de que, desde o início do cristianismo, os cristãos que iam a Jerusalém em peregrinação percorriam o mesmo trajeto que Jesus fez, carregando uma cruz até o monte Calvário, para rezar e fazer penitência.

A sua organização, no estilo que conhecemos, forma e número de estações, foi construindo-se ao longo do tempo, desde a Idade Média. Tornou-se um exercício de piedade muito popular e difundido na Igreja. Seu grande objetivo é levar o fiel a rezar e meditar os acontecimentos finais da Paixão e morte do Senhor. Da maior parte dos fatos que meditamos na Via-sacra, encontramos referência nas páginas dos Evangelhos. Outros foram se acrescentando, vindos das tradições populares mais antigas!

Hoje colocamos em suas mãos esta nova redação do mesmo roteiro seguido há tanto tempo! Seu enfoque é destacar a **"bondade"** de Jesus, que por nós se entregou como prova total de seu amor redentor!

Todos os acontecimentos trágicos que marcam os momentos de sua Paixão deixam transparecer a dimensão da grandeza de sua bondade e misericórdia para com os pecadores. Em todos os detalhes, encontramos as marcas do seu amor infinito. Em tudo, Ele foi bom e praticou o bem (At 10,38) porque muito nos amou!

Seu amor e sua bondade revelam que o nosso Deus é solidário com os pobres que sofrem tantos padecimentos. Os humilhados que são condenados, injustamente, pelos sistemas sociais, ao longo da história, a uma vida de dificuldades e sofrimentos. Um amor tão grande que a Bíblia fala "que excede o nosso entendimento" (cf. Ef 4,19). Por isso, a tradição cristã acertadamente passou a chamar Jesus de o **"Bom Jesus"**!

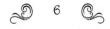

O Bom Jesus é a imagem viva do amor do Pai! Ele veio ao mundo por amor e "estando para ser entregue nos amou até o fim" (cf. Jo 13,1). Na pessoa do Bom Jesus, vemos revelar-se o amor e a bondade do Pai que deseja a nossa salvação. "Quem me viu, viu o Pai" (Jo 14,9).

Este roteiro nos ajude a refletir sobre a grandeza do amor do Senhor que por nós ofereceu sua própria vida! Seu exemplo nos leve a viver a fé com gestos concretos de amor, solidariedade e bondade para com os irmãos que encontrarmos pelo caminho!

Ao contemplarmos as estações da Via-sacra não nos esqueçamos do alerta que nos fez o Senhor: "Eu vos dou um novo mandamento: que vos amei uns aos outros. Assim como eu vos amei, amai-vos uns aos outros. Nisto todos reconhecerão que sois meus discípulos" (Jo 13,34-35).

"Ninguém tem maior amor do que este: dar a vida por seus amigos" (Jo 15,13).

O autor

"Este é o meu Filho, o Eleito, escutai-o!"

(Lc 9,35)

SUGESTÕES

1. Esta Via-sacra poderá ser rezada de forma **individual** ou **comunitária** em qualquer hora ou dia da semana.

2. A Via-sacra é um exercício típico da Quaresma e Semana Santa, mas pode também ser rezada em outros momentos do ano, segundo a conveniência pastoral. Sugerimos que, nessa ocasião, combine-se com a comunidade um dia fixo da semana para rezá-la, de preferência as sextas-feiras.

3. Preparar uma cruz e velas para acompanhar as estações.

4. Nas celebrações, fora da Igreja, poderão ser escolhidas algumas residências para fixar as estações da Via-sacra, para serem visitadas em forma de procissão pelos fiéis.

5. A Via-sacra poderá ser rezada dentro da própria Igreja, onde apenas uma cruz, ladeada por duas velas, irá percorrer os quadros das estações.

6. Nas cidades que abrigam os santuários e paróquias, a comunidade poderá levar uma imagem do Bom Jesus para percorrer as estações.

7. Se a Via-sacra for realizada em comunidade, que o coordenador, com antecedência, distribua as seguintes funções entre o grupo: dirigente (D), leitores (L1 e L2), comentarista (C), animadores dos cânticos, escolha das residências para cada dia da Via-sacra, ornamentação etc.

8. As comunidades rurais e urbanas mais distantes poderão combinar com o pároco a possibilidade da celebração do "Sacramento da Reconciliação", após a Via-sacra, durante o tempo da Quaresma.

9. Na Semana Santa poderá ser celebrada antes da "Procissão do Enterro", na Sexta-feira da Paixão.

10. Que o(a) coordenador(a) prepare alguns pontos de reflexão tirados do tema da

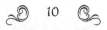

Campanha da Fraternidade ou de alguma outra reflexão que contemple o sofrimento de Jesus na perspectiva do sofrimento e necessidade da humanidade, para serem retomados durante as reflexões da Via-sacra.

ORAÇÃO PREPARATÓRIA

Canto inicial

D.: Em nome do Pai, do Filho e do Espírito Santo.
T.: Amém!

Oferecimento

D.: Nesta hora de graça em que nos reunimos para recordar o caminho das dores do Senhor Bom Jesus, digamos com fé:
T.: Ó, Jesus, nosso redentor, eis-nos aqui, nesta hora, prostrados diante de vós que sois a imagem eterna do amor, da bondade e misericórdia do Pai! Queremos rezar e meditar, nesta Via-Sacra, os sofrimentos que pela humanidade vós padecestes como prova do vosso imenso amor por cada um de nós!

D.: Senhor Jesus, vossa vida foi uma grande prova de amor e doação pela causa da libertação dos pobres, oprimidos e pecadores! Viestes para inaugurar o Reino de Deus neste mundo! Meditando sobre os acontecimentos de vossa Paixão e morte, nós vos pedimos a luz do entendimento, para que, iluminados pela vossa graça, alcancemos o verdadeiro arrependimento dos pecados e o desejo de sempre vos amar de todo o coração!

T.: Fortalecei a fé, a esperança e inflamai-nos na vivência da caridade e no desejo de viver a santidade cristã! Queremos continuar o vosso exemplo de serviço e doação ao próximo. Queremos ser testemunhas de vossos ensinamentos, na vivência e no anúncio do Evangelho do amor e da paz! Queremos ser instrumentos da vossa bondade, para transformar e construir um mundo mais justo, humano e fraterno!

Pedido de perdão

D.: Senhor, Bom Jesus, tende piedade de nós!
T.: Senhor, tende piedade de nós!

D.: Cristo, Servo de Deus, tende piedade de nós!
T.: Cristo, tende piedade de nós!
D.: Senhor, nosso Redentor, tende piedade de nós!
T.: Senhor, tende piedade de nós!

Invocação ao Espírito Santo

D.: Vinde, Espírito Santo, enchei os corações dos vossos fiéis e acendei neles o fogo do vosso amor. Enviai o vosso Espírito e tudo será criado. E renovareis a face da terra.
T.: Deus, que instruístes os corações dos vossos fiéis, com a luz do Espírito Santo, fazei que apreciemos retamente todas as coisas segundo o mesmo Espírito e gozemos sempre de sua consolação. Por Cristo, Senhor nosso. Amém!

Intercessão de Nossa Senhora das Dores

D.: Ó Maria, Senhora das Dores, Mãe do Perpétuo Socorro, dos discípulos do Bom Jesus, nosso redentor. Pedimos a vossa inter-

cessão para que, meditando os sofrimentos de vosso Filho, possamos crescer no compromisso de viver a fé, a esperança e a caridade cristã. Queremos renovar o propósito de praticar sempre o bem, de maneira especial, para com os irmãos mais necessitados e abandonados.
T.: Ave, Maria...

Outras intenções particulares e comunitárias
(Instante de silêncio)

1ª estação

O BOM JESUS É CONDENADO À MORTE

D.: Nós vos adoramos, Senhor Jesus Cristo, e vos bendizemos.

T.: Porque, pela vossa santa cruz, remistes o mundo!

Reflexão

D.: "Deus amou tanto o mundo que enviou seu filho para que todo aquele que nele crer não pereça, mas tenha a vida, que é eterna" (cf. Jo 3,16). O Bom Jesus, nosso redentor, é a imagem viva da presença de Deus no meio do seu povo. Sua bondade é a expressão do amor do Pai que nos ama infinitamente e quer nossa salvação!

T.: Dai graças ao Senhor porque Ele é bom, eterna é a sua misericórdia.

L.1: Está escrito que Jesus passou fazendo o bem para todos (cf. At 10,38). Ele é o ungido, o consagrado de Deus para evangelizar os pobres e anunciar a libertação dos males aos desprotegidos e oprimidos (cf. Lc 4,18-21). Seu compromisso foi com o anúncio e a instauração do Reino de Deus que significa oferta de vida nova para toda a humanidade. Mas aqueles que estavam em Jerusalém, naqueles dias da celebração da antiga páscoa dos judeus, foram ingratos! A multidão, manipulada pelas autoridades religiosas, guiada pela falta de esclarecimento, conspirou contra a vida de Jesus pedindo sua condenação à morte de cruz!

T.: Ó, Bom Jesus, vós sois a nossa força, nosso auxílio e proteção (Sl 18).

L.2: Quando lemos a Bíblia, entendemos que o Bom Jesus é a imagem do homem justo e fiel ao projeto de Deus, provado com

humilhações e torturas. Foi testado com insultos e condenado a uma morte infame, a fim de que se verificasse o grau de sua paciência e bondade. Mas os que colaboraram para isso se enganaram, porque não conheciam os segredos de Deus (cf. Sb 2,18-23).

T.: A bondade do Senhor nos fortalece na força do seu Espírito (Ef 6).

Palavra de Deus (Jo 19,1-4a.5c-6ab.16)

L.: Pilatos então tomou Jesus e mandou flagelá-lo. Os soldados teceram uma coroa de espinhos, puseram-na sobre sua cabeça e cobriram-no com um manto de púrpura. Aproximavam-se dele e diziam: "Salve, rei dos judeus!" E davam-lhe bofetadas. Pilatos saiu outra vez e lhes disse: "Eis o homem!" Quando o viram, os sumos sacerdotes e os guardas gritaram: Crucifica-o! Crucifica-o! Pilatos entregou-o, então, a eles para que fosse crucificado.

Silêncio e meditação

Partilha

Pai nosso...

**T.: Ó, meu Bom Jesus, eu vos amo de todo o meu coração, porque junto a vós copiosa é a redenção. Fortalecei a minha fé e inflamai o meu amor por vós e pelos irmãos!
Maria, Senhora das Dores, Mãe do Perpétuo Socorro, rogai por nós.**

Ave, Maria...

2ª estação

O BOM JESUS CARREGA A CRUZ

D.: Nós vos adoramos, Senhor Jesus Cristo, e vos bendizemos.

T.: Porque, pela vossa santa cruz, remistes o mundo!

Reflexão

D.: Jesus ensinou que ninguém tem maior amor do que aquele que dá a própria vida por seu irmão (cf. Jo 15,13). Assim, Ele viveu e deu testemunho desse ensinamento até o último momento de sua passagem por este mundo.

T.: Dai graças ao Senhor porque Ele é bom, eterna é a sua misericórdia.

L.1: Abatido e humilhado pelos terríveis e cruéis sofrimentos da flagelação, Jesus toma livremente sobre si o pesado madeiro com fé e determinação! Como imagem e presença viva da bondade de Deus, solidário com os que sofrem, quer seguir o mesmo caminho dos desvalidos, dos humilhados e sofredores que a história humana produziu ao longo do tempo. Quer vencer com eles todas as formas de dores que atentam contra a vida e a realização do Reino de Deus que é amor, justiça, respeito, solidariedade, paz e alegria no Espírito.

T.: Ó, Bom Jesus, lembrai-vos de nós pela vossa bondade, por causa do vosso amor (cf. Sl 25).

L.2: Avancemos com Ele na busca de um mundo mais justo e fraterno governado pela Lei de Deus, com a força do seu Espírito de amor e bondade! Com esperança, sigamos seus passos, para que, na instauração de seu Reino, o Bom Jesus seja o "rei" de nossa vida. "Quem quiser ser meu discípulo, tome sua cruz e siga-me" (Mc 8,34).

T.: A bondade do Senhor nos fortalece na força do seu Espírito (Ef 6).

Palavra de Deus (Mt 27,29-31)

L.: Então os soldados tecendo uma coroa de espinhos, puseram-lha sobre a cabeça e na mão direita uma cana. Dobrando o joelho diante dele, zombaram dele, dizendo: "Salve, Rei dos judeus!" E, cuspindo nele, pegavam a cana e batiam com ela em sua cabeça. Depois de terem zombado dele, tiraram-lhe a capa, puseram-lhe suas vestes e levaram-no para ser crucificado.

Silêncio e meditação

Partilha

Pai nosso...

T.: Ó, meu Bom Jesus, eu vos amo de todo o meu coração, porque junto a vós copiosa é a redenção. Fortificai a minha fé e inflamai o meu amor!

Maria, Senhora das Dores e Mãe do Perpétuo Socorro, rogai por nós!

Ave, Maria...

3ª estação

O BOM JESUS CAI PELA PRIMEIRA VEZ

D.: Nós vos adoramos, Senhor Jesus Cristo, e vos bendizemos.
T.: Porque, pela vossa santa cruz, remistes o mundo!

Reflexão

D.: Carregar a cruz não é tarefa fácil! Ela representa tudo o que pesa e dificulta a realização da vida em plenitude! Representa tudo o que humilha, mancha, atenta, aterroriza e pesa na vida dos pobres e desvalidos!
T.: Dai graças ao Senhor porque Ele é bom, eterna é a sua misericórdia.

L.1: A cruz de Jesus, nosso redentor, também era pesada. Abatido pela fraqueza corporal, não suportou seu peso e foi por terra. Caiu o corpo cansado e maltratado do Bom Jesus, porém a grandeza de seu amor e sua determinação não foram abalados. "É preciso que se faça a vossa vontade, ó Pai, e não a minha." Após um breve intervalo, Ele recupera as forças e põe-se a caminho. Sua cruz precisa ser cravada naquele cenário de prepotência do pecado para ser transformada em sinal de redenção!

T.: Ó, Bom Jesus, a vossa bondade é um sinal para os que vos invocam e em vós confiam (Sl 31).

L.2: O sinal da cruz vai derrubar a soberba do poder gerado pelo egoísmo e pela ganância que destrói, subjuga e explora os mais fracos. Dentro em breve, o madeiro, símbolo de tortura e opressão, tornar-se-á o sinal de salvação e da graça de Deus para toda pessoa de boa vontade. Assim, levando sua cruz, o Bom Jesus carrega o peso dos nossos pecados, para que, libertos de todos eles, nós o sirvamos em justiça e santidade para sempre!

T.: A bondade do Senhor nos fortalece na força do seu Espírito (Ef 6).

Palavra de Deus (Is 53,1-5)

L.: Quem acreditou naquilo que anunciamos? A quem se manifestou o braço de Javé? Cresceu como broto diante dele e como raiz em terra árida. Não tem aparência nem beleza para atrair nossos olhares, nem esplendor para nos agradar. Desprezado e rejeitado por todos, homem das dores que bem conhece o sofrimento, como se escondesse de nós sua face, era desprezado e não fizemos nenhum caso dele. Mas eram nossos sofrimentos que ele tomou sobre si, eram nossas dores que ele assumiu; e nós o julgávamos castigado, ferido por Deus e humilhado. Mas foi traspassado por causa de nossos crimes, esmagado por causa de nossas iniquidades. Abateu-se sobre ele o castigo que nos traz a paz, e por suas chagas fomos curados.

Silêncio e meditação

Partilha

Pai nosso...

T.: **Ó, meu Bom Jesus, eu vos amo de todo o meu coração, porque junto a vós copiosa é a redenção. Fortificai a minha fé e inflamai o meu amor!**
Maria, Senhora das Dores e Mãe do Perpétuo Socorro, rogai por nós!

Ave, Maria...

4ª estação

O ENCONTRO DO BOM JESUS COM SUA MÃE

D.: Nós vos adoramos, Senhor Jesus Cristo, e vos bendizemos.
T.: Porque, pela vossa santa cruz, remistes o mundo!

Reflexão

C.: Maria foi a escolhida para gerar o Bom Jesus em nossa história. "Quando chegou a plenitude dos tempos, Deus enviou seu Filho, nascido de uma mulher" (Gl 4,4). Nela se realiza a vontade do Pai profetizada aos nossos antepassados: "uma jovem conceberá e dará à luz a um filho para ser um sinal para o seu povo" (cf. Is 7). E a promessa se realizou. A Palavra, que é amor, bondade e misericórdia, fez-se carne e habitou entre nós!

T.: Dai graças ao Senhor porque Ele é bom, eterna é a sua misericórdia.

L.1: Maria é a mãe que gerou, cuidou, protegeu e educou seu amado filho. Dela Jesus herdou suas características humanas: a sensibilidade, a ternura, o amor, a compreensão, a mansidão, a bondade e o temor a Deus. O Pai reuniu em Maria todas as graças, para que de seu seio fosse gerado o próprio Autor de todas as graças. Maria sempre esteve presente na vida de Jesus. Agora, na hora do sofrimento, também está a seu lado. Caminha com Ele para encorajá-lo nesta difícil travessia do testemunho do amor, que dá a própria vida pela salvação da humanidade. Ela sabia que um dia esta hora chegaria!

T.: Quanto a ti, ó mãe, eis que uma espada atravessará o teu coração (Lc 2,35).

L.2: Maria, a mulher da fé e da esperança na libertação dos pobres, é, neste momento, a Senhora das Dores. Ela é a mãe solidária que caminha com todos os que sofrem aguardando a irrupção da justiça do Reino de Deus que vem para elevar os pequenos e humildes (cf. Lc 1,46-56). Nesta cena, ela é a mãe repleta de dores, sustentada pela fé no poder de Deus! Mãe das dores. Mãe da esperança. Mãe solidária. Maria é a mãe do Perpétuo Socorro dos discípulos de Jesus!

T.: Ó, vós todos que passais, olhai e vede se existe dor tão grande igual a minha dor (Lm 1,12).

Palavra de Deus (Lc 2,33-35)

L.: Seu pai e sua mãe estavam maravilhados com as coisas que dele se diziam. Simeão os abençoou e disse a Maria, sua mãe: "Este menino vai causar a queda e a elevação de muitos em Israel; ele será um sinal de contradição; a ti própria, uma espada te traspassará a alma, para que se revelem os pensamentos de muitos corações".

Silêncio e meditação

Partilha

Pai nosso...

T.: Ó, meu Bom Jesus, eu vos amo de todo o meu coração, porque junto a vós copiosa é a redenção. Fortificai a minha fé e inflamai o meu amor!
Maria, Senhora das Dores e Mãe do Perpétuo Socorro, rogai por nós!

Ave, Maria...

5ª estação

SIMÃO CIRENEU CARREGA A CRUZ DO BOM JESUS

D.: Nós vos adoramos, Senhor Jesus Cristo, e vos bendizemos.
T.: Porque, pela vossa santa cruz, remistes o mundo!

Reflexão

D.: Nem sempre o ser humano é forte o bastante para aguentar sozinho o peso das dificuldades e provações. Jesus, nosso redentor, ensinou quão importante é o valor da vivência da solidariedade entre os irmãos. Ser solidário significa ser sensível às necessidades dos outros e ser capaz de estender as mãos para ajudar! Por isso, a bondade deve ser a principal característica da vida do cristão!

T.: Dai graças ao Senhor porque Ele é bom, eterna é a sua misericórdia.

L.1: Bem-aventurado aquele bom samaritano que ajudou o homem caído na beira da estrada. Bem-aventurados são aqueles que promovem a caridade! Aqueles que procuram socorrer os que sofrem! Aqueles que se dedicam a aliviar as dores dos que padecem das enfermidades! Aqueles que procuram combater tantas formas de sofrimento que o mundo de hoje produz e impõe sobre os ombros das pessoas mais pobres e humildes.

T.: Ó, Bom Jesus, a vossa bondade indica o caminho para os retos de coração (cf. Sl 25).

L.2: Bem aventurado foi o Cireneu, que aliviou o cansaço de Jesus e o ajudou a levar sua pesada cruz. Desta cena guardemos duas lições. Primeiro, Jesus ensina, na sua humildade, que não devemos recusar a ajuda de quem tem boa vontade de coração! Segundo, que realmente seremos salvos quando formos capazes de amar e estender as mãos, com generosidade, para aqueles que precisam, pois será a prática da caridade o critério do julgamento final (cf. Mt 25,31-40).

T: A bondade do Senhor nos fortalece na força do seu Espírito (Ef 6).

Palavra de Deus (Mt 27,31-34)

L.: Depois de terem zombado dele, tiraram-lhe a capa, puseram-lhe suas vestes e levaram-no para ser crucificado. Saindo, encontraram um homem de Cirene, chamado Simão, e obrigaram-no a carregar sua cruz. Quando chegaram ao lugar chamado Gólgota, que quer dizer "Lugar do Crânio", deram-lhe a beber vinho misturado com fel. Jesus experimentou-o e não o quis beber.

Silêncio e meditação

Partilha

Pai nosso...

T.: Ó, meu Bom Jesus, eu vos amo de todo o meu coração, porque junto a vós copiosa é a redenção. Fortificai a minha fé e inflamai o meu amor!
Maria, Senhora das Dores e Mãe do Perpétuo Socorro, rogai por nós!

Ave, Maria...

6ª estação

VERÔNICA ENXUGA O ROSTO DO BOM JESUS

D.: Nós vos adoramos, Senhor Jesus Cristo, e vos bendizemos.
T.: Porque, pela vossa santa cruz, remistes o mundo!

Reflexão

D.: A vida de Jesus foi sempre marcada pela prática da caridade. Seu Evangelho não foi anunciado apenas por palavras. Acima de tudo, Jesus ensinava pelo exemplo dos gestos de amor e bondade em favor dos que mais precisavam de assistência e conforto.
T.: Dai graças ao Senhor porque Ele é bom, eterna é a sua misericórdia.

L.1: O anúncio do Reino se dava através da vivência concreta do amor a Deus e ao próximo. Jesus ensinava pelas palavras e exemplos que nossas boas obras em favor dos necessitados justificarão a nossa salvação (Mt 25,31-46). Verônica foi um grande exemplo de quem ouviu e viveu esse ensinamento! Ela não teve medo de dar o seu testemunho. Sabendo que corria perigo de morte diante dos soldados enfurecidos, foi ao encontro do Bom Jesus para confortá-lo naquele caminho de penúria. Não podia arrancá-lo dali, mas estendeu suas mãos com uma toalha para enxugar o rosto ferido e ensanguentado do Senhor, num gesto de amor e compaixão.

T.: Ó, Bom Jesus, a vossa bondade é infinita, e o vosso amor é fiel para sempre (cf. Sl 107).

L.2: Na toalha de Verônica ficou impresso o rosto do Bom Jesus, ferido e desfigurado. Ele revela a face do Pai identificada com o rosto da maioria dos pobres maltratados pelos sistemas sociais injustos e perversos, que desfiguram e atentam contra a dignidade e a beleza dos filhos de Deus! "Tão desfigurado estava o seu rosto que não parecia de um ser humano" (Is 52,14).

T.: A bondade do Senhor nos fortalece na força do seu Espírito (Ef 6).

Palavra de Deus

L.: Ler Mt 25,31-46, passagem que trata do Juízo Final.

Silêncio e meditação

Partilha

Pai nosso...

T.: Ó, meu Bom Jesus, eu vos amo de todo o meu coração, porque junto a vós copiosa é a redenção. Fortificai a minha fé e inflamai o meu amor!

Maria, Senhora das Dores e Mãe do Perpétuo Socorro, rogai por nós!

Ave, Maria...

7ª estação

O BOM JESUS CAI PELA SEGUNDA VEZ

D.: Nós vos adoramos, Senhor Jesus Cristo, e vos bendizemos.
T.: Porque, pela vossa santa cruz, remistes o mundo!

Reflexão

D.: O caminho era longo e as forças foram se esvaindo. Para Jesus a cruz ficava cada vez mais pesada! O corpo cansado estava no seu limite! A intensidade das dores foi corroendo os sentidos de Jesus. Porém, perseverante, Ele avançava em direção ao Monte Calvário levando consigo as dores do mundo.
T.: Dai graças ao Senhor porque Ele é bom, eterna é a sua misericórdia.

L.1: O cansaço é extremo! De repente seus pés vacilam e o Bom Jesus, nosso redentor, cai pela segunda vez. Novamente a reação da multidão é imediata: zombaram de sua fraqueza! Mais uma vez a bondade do Senhor o coloca no lugar de tantos que são humilhados porque são fracos e indefesos. Caído, Jesus é a imagem visível do Deus solidário com os mais pequeninos e desprotegidos! Por isso precisa levantar-se, porque para os pobres só Ele é o refúgio e a garantia de proteção. Precisa estar em pé para ser sinal de esperança para os que sofrem!

T.: Ó, Bom Jesus, a vossa bondade é para nós um escudo e proteção (cf. Sl 33).

L.2: É a fidelidade a sua missão que coloca Jesus em pé! É do seu infinito amor que surge a força necessária para fazê-lo se reerguer e continuar o caminho rumo ao suplício final. De sua fé brota a oração confiante: "Vinde, meu Deus, atender-

-me, pois estou a ponto de desfalecer". Neste momento, só o amor do Pai pode vir em seu auxílio. É o poder da graça de Deus que levanta e impulsiona o Bom Jesus para seguir adiante no testemunho do seu amor e infinita bondade por cada um de nós.

T.: A bondade do Senhor nos fortalece na força do seu Espírito (Ef 6).

Palavra de Deus (Is 53,6-7)

L.: Todos nós estávamos perdidos como ovelhas, cada qual seguindo seu caminho; e Javé fez recair sobre ele a iniquidade de todos nós. Maltratado, deixou-se humilhar e não abriu a boca; como cordeiro levado ao matadouro, como ovelha muda diante dos tosquiadores, não abriu a boca.

Silêncio e meditação

Partilha

Pai nosso...

T.: Ó, meu Bom Jesus, eu vos amo de todo o meu coração, porque junto a vós copiosa é a redenção. Fortificai a minha fé e inflamai o meu amor!
Maria, Senhora das Dores e Mãe do Perpétuo Socorro, rogai por nós!

Ave, Maria...

8ª estação

O BOM JESUS CONSOLA AS MULHERES DE JERUSALÉM

D.: Nós vos adoramos, Senhor Jesus Cristo, e vos bendizemos.

T.: Porque, pela vossa santa cruz, remistes o mundo!

Reflexão

D.: O Bom Jesus, nosso redentor, é a encarnação da bondade infinita do Pai! Ele não se cansou de fazer o bem! Ele nunca deixou de escutar o clamor dos que o invocavam. Mesmo naquela hora de tantas dores e tormentos, seus ouvidos permaneciam atentos às necessidades dos mais abandonados!

T.: Dai graças ao Senhor porque Ele é bom, eterna é a sua misericórdia.

L.1: O caminho até o Calvário é marcado por muitas dificuldades, gritos, zombarias, barulhos e tumulto. Em meio a tantas vozes, Jesus escuta e identifica o choro de algumas mulheres. É o próprio Deus que ouve o clamor dos que sofrem. Naquele instante, Ele volta o seu olhar para quem precisa de consolação e amor! Jesus ouviu e respondeu ao clamor daquelas aflitas mulheres que caminhavam entre a multidão enfurecida.

T.: Ó, Bom Jesus, por vossa bondade indicai o caminho para os retos de coração (cf. Sl 25).

L.2: Não importa de que lugar ou de qual situação o ser humano esteja clamando. Para Deus não existe tempo e nem hora. A todo instante Ele está pronto para acolher as súplicas de quem tem fé. Esta cena atualiza a certeza de que Ele caminha com seu povo, atento a suas necessidades e clamores. Não estamos sós no enfrentamento das dificuldades da vida. Ele caminha conosco para nos encorajar e fortalecer. Como reza o salmista, digamos também: "Sois vós, ó Senhor, o nosso auxílio e proteção" (Sl 33,20).

T.: A bondade do Senhor nos fortalece na força do seu Espírito (Ef 6).

Palavra de Deus (Lc 23,27-32)

L.: Seguia-o grande multidão de povo e de mulheres, as quais batiam no peito e o lamentavam. Voltando-se para elas, disse Jesus: "Filhas de Jerusalém, não choreis por mim, mas chorai por vós mesmas e por vossos filhos, porque virão dias em que se há de dizer: 'Felizes as estéreis e felizes as entranhas que não geraram e os seios que não amamentaram!' Então começarão a dizer às montanhas: 'Caí sobre nós!' e às colinas: 'Cobri-nos!' Porque, se fazem isto com o lenho verde, que se fará com o seco?" Levaram para ser executados junto com ele outros dois, que eram malfeitores.

Silêncio e meditação

Partilha

Pai nosso...

T.: Ó, meu Bom Jesus, eu vos amo de todo o meu coração, porque junto a vós copiosa é a redenção. Fortificai a minha fé e inflamai o meu amor!
Maria, Senhora das Dores e Mãe do Perpétuo Socorro, rogai por nós!

Ave, Maria...

9ª estação

O BOM JESUS CAI PELA TERCEIRA VEZ

D.: Nós vos adoramos, Senhor Jesus Cristo, e vos bendizemos.
T.: Porque, pela vossa santa cruz, remistes o mundo!

Reflexão

D.: Novamente a força humana chega ao seu limite. Cansado, Jesus cai outra vez! É a terceira queda do Salvador. Caiu como tantos outros que estão jogados por terra sem direito algum de proteção, defesa ou socorro!
T.: Dai graças ao Senhor porque Ele é bom, eterna é a sua misericórdia.

L.1: É no chão da história que encontramos o "Deus da vida" estendido junto com seus filhos humilhados e ofendidos. Outra vez, o amor do Pai vem ao encontro dos que sofrem e estão à mercê da própria sorte! É do lugar onde estão os que padecem que Ele quer ser reconhecido, amado, servido e louvado! É o próprio Deus que se deita com eles para levantar os que tombaram pela falta de recursos e proteção. Caído por terra, Jesus lança-nos um protesto silencioso: essas situações contradizem a vontade do Pai, que quer a vida em plenitude para todos os seus filhos!

T.: Ó, Bom Jesus, por vossa bondade livrai-nos de toda angústia (cf. Sl 54).

L.2: A Bíblia nos recorda que Deus nos criou a sua imagem e semelhança. Deu--nos este mundo para vivermos como irmãos! Mas o pecado desviou o coração do homem dessa finalidade. Por isso, Jesus veio para restaurar este ideal e reconciliar todas as coisas, lembrando que somos filhos de Deus e herdeiros de sua graça. Jesus é o caminho! Se com Ele vivermos, com Ele seremos glorificados (cf. Rm 8).

Do alto da cruz, esse compromisso de renovação chegará à sua plenitude. Então, para que se cumprisse a promessa de salvação, Jesus levantou-se e, tomando a cruz, seguiu em frente!

T.: A bondade do Senhor nos fortalece na força do seu Espírito (Ef 6).

Palavra de Deus (Is 42,1-7)

L.: Eis meu servo que eu sustento, meu escolhido em quem minha alma se compraz. Sobre ele pus meu espírito, para que leve o direito às nações. Não gritará, não elevará a voz, nem se fará ouvir na rua. Não quebrará o caniço rachado, nem extinguirá a mecha que ainda fumega; proclamará fielmente o direito. Não vacilará e não se deixará abater, até que estabeleça o direito sobre a terra, pois esperam as ilhas seu ensinamento. Assim diz Deus, Javé, que criou os céus e os estendeu, consolidou a terra com sua vegetação, deu a respiração ao povo que nela habita, e o fôlego aos que a percorrem. "Eu, Javé, te chamei para a justiça, eu te peguei pela mão, te modelei e te estabeleci como aliança do povo e luz das nações, para que abras os olhos dos cegos e retires da cadeia os prisioneiros e da prisão os que moram nas trevas."

Silêncio e meditação

Partilha

Pai nosso...

T.: Ó, meu Bom Jesus, eu vos amo de todo o meu coração, porque junto a vós copiosa é a redenção. Fortificai a minha fé e inflamai o meu amor!
Maria, Senhora das Dores e Mãe do Perpétuo Socorro, rogai por nós!

Ave, Maria...

10ª estação

O BOM JESUS É DESPIDO DE SUAS VESTES

D.: Nós vos adoramos, Senhor Jesus Cristo, e vos bendizemos.
T.: Porque, pela vossa santa cruz, remistes o mundo!

Reflexão

D.: Arrancaram as vestes de Jesus! Nu, diante da zombaria da multidão, Ele personifica a imagem do absoluto despojamento e oferecimento da própria vida. Alguém que não retém nada para si. É a representação da solidariedade de Deus com a situação de humilhação em que vivem os pobres, que nem roupa, muitas vezes, possuem para vestir. Sem a proteção de suas vestes, o cordeiro, despido, está pronto para ser imolado.

T.: Dai graças ao Senhor porque Ele é bom, eterna é a sua misericórdia.

L.1: Jesus é desnudado diante da multidão sem nenhum recato. O tormento físico se mistura com o terror psicológico. Arrancando sua túnica, separam-no definitivamente de qualquer ligação com seus laços terrenos e humanos. Agora, o condenado está preparado para o cruel sacrifício. Esta cena também nos faz pensar que, hoje, muitos irmãos continuam sendo agredidos em sua dignidade de filhos de Deus. Muitos são despidos de seus direitos, impossibilitados de desfrutar uma vida justa, honesta e plena de realização e felicidade.

T.: Ó, Bom Jesus, vós sois o meu Senhor, em vossas mãos deposito o meu destino (cf. Sl 31).

L.2: Sem suas roupas, o Bom Jesus, nosso redentor, permanece ao lado dos pobres e dos desvalidos até o fim. Humilhado e zombado, permanece fiel ao compromisso de defender a dignidade dos pequeninos! A humilhação de Jesus nos revela que nem sempre os que praticam o bem serão reconhecidos e valorizados pelos outros. Porém, no dia do julgamento final, Jesus garantiu que haverá de chamar aqueles de bom coração para receber a recompensa: "Vinde, benditos de meu Pai, e tomai posse do lugar que para vós fostes preparado desde a criação do mundo" (Mt 25,34).

T.: A bondade do Senhor nos fortalece na força do seu Espírito (Ef 6).

Palavra de Deus (Mc 15,22-24)

L.: Levaram Jesus para o lugar chamado Gólgota, que quer dizer "Lugar do Crânio". Eles lhe ofereciam vinho misturado com mirra, mas ele não tomou. Depois o crucificaram e dividiram suas vestes, decidindo pela sorte o que caberia a cada um.

Silêncio e meditação

Partilha

Pai, nosso...

T: Ó, meu Bom Jesus, eu vos amo de todo o meu coração, porque junto a vós copiosa é a redenção. Fortificai a minha fé e inflamai o meu amor!
Maria, Senhora das Dores e Mãe do Perpétuo Socorro, rogai por nós!

Ave, Maria...

11ª estação

O BOM JESUS É PREGADO NA CRUZ

D.: Nós vos adoramos, Senhor Jesus Cristo, e vos bendizemos.

T.: Porque, pela vossa santa cruz, remistes o mundo!

Reflexão

D.: A barbárie tinha se completado. O Bom Jesus, nosso redentor, foi pregado na cruz! Somada à flagelação, a dor da crucifixão era tremenda e alucinante. Suas mãos e pés estão imobilizados para a agonia final! Repleto de sofrimentos, seu corpo fica exposto aos olhares dos que aplaudem aquele espetáculo de crueldade e terror. Na cruz, Jesus é a imagem de um Deus paciente e misericordioso!

T.: Dai graças ao Senhor porque Ele é bom, eterna é a sua misericórdia.

L.1: A crucifixão era a execução mais terrível e temida, porque era a forma mais lenta e dolorosa de torturar um condenado até a morte. O ápice do padecimento de Jesus foi a crucifixão! Além da dor física, a cruz provocava a dor moral e psicológica. Todos os laços de relações com seu mundo estavam cortados naquele momento. O homem justo, que passou fazendo o bem, aclamado pelas multidões como "Mestre" e "Senhor", agora padece como um blasfemo, um impostor, um bandido, um escravo insubordinado, um verme repugnante! Na cruz, Jesus é a imagem do "servo sofredor" humilhado, castigado e desmoralizado. "Um sinal de contradição" como escreveu o profeta Isaías (cf. Is 53)!

T.: Ó, Bom Jesus, como é grande a vossa bondade. Feliz de que em vós se abriga (cf. Sl 34).

L.2: Mergulhando nessa experiência mais cruel, Deus experimentou o grau mais profundo da ofensa e da profanidade da dignidade humana! Naquele abismo de dor, deixou mostrar a maior prova de seu amor e esperança na conversão do coração humano. Não condenou, mas perdoou, e ficou à espera, como até hoje, da conversão de toda pessoa que deseja o perdão e busca uma vida nova. Vendo-o pregado na cruz, não nos esqueçamos: quando há sincera conversão, junto dele sempre será copiosa a redenção (cf. Lc 23,43)!

T.: A bondade do Senhor nos fortalece na força do seu Espírito (Ef 6).

Palavra de Deus (Mc 15,29-32)

L.: Os que passavam por lá o injuriavam, balançando a cabeça e dizendo: "Ah! tu que destróis o templo e o reconstróis em três dias, salva-te a ti mesmo, descendo da cruz!" Da mesma forma os sumos sacerdotes e os escribas zombavam dele entre si, dizendo: "Salvou os outros e não pode salvar a si mesmo! Desça agora da cruz o Cristo, rei de Israel, para nós vermos e acreditarmos!" Até mesmo aqueles que tinham sido crucificados junto com ele o injuriavam.

Silêncio e meditação

Partilha

Pai nosso...

T.: Ó, meu Bom Jesus, eu vos amo de todo o meu coração, porque junto a vós copiosa é a redenção. Fortificai a minha fé e inflamai o meu amor!
Maria, Senhora das Dores e Mãe do Perpétuo Socorro, rogai por nós!

Ave, Maria...

12ª estação

O BOM JESUS MORRE NA CRUZ

D.: Nós vos adoramos, Senhor Jesus Cristo, e vos bendizemos.
T.: Porque, pela vossa santa cruz, remistes o mundo!

Reflexão

D.: Uma vida de tantos gestos! Uma vida cheia de bondade! Uma vida de amor e dedicação aos mais pobres e sofridos de seu tempo! Fazendo o bem, promovia e defendia a dignidade dos filhos de Deus! Agora, imobilizado na cruz pela determinação da sentença, o Bom Jesus padece os momentos finais de sua entrega total pela nossa salvação.

T.: Dai graças ao Senhor porque Ele é bom, eterna é a sua misericórdia.

L.1: Tudo estava consumado! A prova que a humanidade precisava estava dada. Exausto e sem força para continuar vivo, Jesus deu um forte grito e entregou seu espírito ao Pai! O amor foi demonstrado totalmente na radical entrega e oferecimento da própria vida. Sua missão estava cumprida. Este foi o ideal da vida de Jesus: "fazer a vontade daquele que o enviou e consumar sua obra" (Jo 4,34). Por amor ao mundo, Deus enviou seu próprio filho para garantir-nos a vida em plenitude (Jo 3,16). Na cruz, o sangue de Jesus foi derramado para selar o compromisso definitivo de amor e perdão entre Deus e suas criaturas. Sua morte é o novo e definitivo sacrifício que inaugura uma nova aliança entre Deus e a humanidade remida.

T.: Ó, Bom Jesus, a vossa bondade é para sempre. Junto a vós abundante é a redenção (cf. Sl 130).

L.2: O trágico desfecho faz parte do mistério da missão redentora de Jesus. Sua morte se transformou em fonte de salvação para a humanidade. Significa o compromisso de uma nova aliança entre o Pai e toda a pessoa de boa vontade. A promessa feita pelos profetas se realiza em Jesus. Na cruz, Ele é a luz que faz brilhar o consolo, a justiça e o direito de Deus para o seu povo! (cf. Is 51). Agora, olhando para a cruz, encontramos um sentido novo para a existência humana neste mundo. Por isso, com segurança, podemos aclamar: Senhor, Bom Jesus, vinde sempre em nosso auxílio, sois o nosso eterno redentor!

T.: A bondade do Senhor nos fortalece na força do seu Espírito (Ef 6).

Palavra de Deus (Mc 15,34-37)

L.: À hora nona, Jesus gritou com voz forte: "Eloí, Eloí, lema sabachtani?" Isto quer dizer: "Meu Deus, meu Deus, por que me

abandonastes?" Alguns dos circunstantes, ouvindo-o, disseram: "Ele está chamando Elias!" Alguém correu a embeber de vinagre uma esponja e, colocando-a na ponta de uma vara, oferecia-lhe para beber, dizendo: "Esperai, vamos ver se Elias vem descê-lo!" Jesus então, dando um grande grito, expirou.

Silêncio e meditação

Partilha

Pai nosso...

T.: Ó, meu Bom Jesus, eu vos amo de todo o meu coração, porque junto a vós copiosa é a redenção. Fortificai a minha fé e inflamai o meu amor!
Maria, Senhora das Dores e Mãe do Perpétuo Socorro, rogai por nós!

Ave, Maria...

13ª estação

O BOM JESUS É DESCIDO DA CRUZ

D.: Nós vos adoramos, Senhor Jesus Cristo, e vos bendizemos.

T.: Porque, pela vossa santa cruz, remistes o mundo!

Reflexão

D.: O corpo do Bom Jesus, nosso redentor, está morto na cruz. A multidão, saciada pelo desejo de morte, foi se dispersando. Por amor e fidelidade à causa do Reino de Deus, Ele foi até o fim! Jesus morreu na cruz! O cordeiro foi imolado para estabelecer uma nova aliança. Seu sangue derramado nos remiu!

T.: Dai graças ao Senhor porque Ele é bom, eterna é a sua misericórdia.

L.1: O corpo de Jesus, pendurado com os braços abertos, será o sinal eterno da redenção! Sinal de contradição ao longo da história. No alto do Calvário foi aceso o farol da graça de Deus para afastar as forças do mal. A cruz passou a ser o sinal do amor, da bondade e da misericórdia de Deus que tudo renova e transforma! A cruz nos recorda que, Ele mesmo, se fez o grão de trigo que, lançado na terra, vai gerar muitos frutos de salvação para a humanidade.

T.: Ó, Bom Jesus, nós vos louvamos porque eterna é a vossa bondade (cf. Sl 117).

L.2: A lembrança da Paixão e morte fica para os discípulos que descem o corpo de Jesus da cruz, como um mistério que confunde a sabedoria humana. "Seu amor chegou ao extremo e excedeu o entendimento da razão humana" (Ef 4,19). Resta somente a dor para os amigos que ficaram chorando de saudades, inconformados com a brutalidade e a violência a que foi submetido o bondoso mestre. Rapidamente, retiraram o corpo de Jesus e o levaram para o sepulcro, com amor e reverência, enquanto meditavam sobre tudo o que acontecera naquele dia.

T.: A bondade do Senhor nos fortalece na força do seu Espírito (Ef 6).

Palavra de Deus (Jo 19,33-38)

L.: Chegando, porém, a ele, vendo que já estava morto, não lhe quebraram as pernas, mas um dos soldados abriu-lhe o peito com uma lança, e imediatamente saiu sangue e água. Quem viu isto é que está dando testemunho, e seu testemunho é digno de fé, e ele sabe que diz a verdade, a fim de que acrediteis. Porque isto aconteceu para que se cumprisse a Escritura: "Nenhum de seus ossos será quebrado". E diz em outra parte a Escritura: "Olharão para aquele que transpassaram". Depois disso, José de Arimateia, que era discípulo de Jesus, mas ocultamente, por medo dos judeus, pediu a Pilatos autorização para tirar o corpo de Jesus. Pilatos permitiu. Foi, pois, e tirou o corpo de Jesus.

Silêncio e meditação

Partilha

Pai nosso...

T.: Ó, meu Bom Jesus, eu vos amo de todo o meu coração, porque junto a vós copiosa é a redenção. Fortificai a minha fé e inflamai o meu amor!
Maria, Senhora das Dores e Mãe do Perpétuo Socorro, rogai por nós!

Ave, Maria...

14ª estação

O BOM JESUS É COLOCADO NO SEPULCRO

D.: Nós vos adoramos, Senhor Jesus Cristo, e vos bendizemos.
T.: Porque, pela vossa santa cruz, remistes o mundo!

Reflexão

D.: A morte parecia o ponto final de uma vida de profunda união com o Pai e extremo amor, doação e bondade no trato com todas as pessoas na realização da sua missão. Ele viveu entre nós fazendo o bem, pregando o Evangelho e dando testemunho das maravilhas do Reino de Deus. É a imagem do servo fiel e obediente até o fim, que veio ao mundo para realizar a vontade daquele que o enviou (cf. Jo 6,38).

T.: Dai graças ao Senhor porque Ele é bom, eterna é a sua misericórdia.

L.1: O silêncio da morte era questionador para aqueles que depositavam o corpo inerte no sepulcro! Será que tudo se acabara? Seu poder fora vencido para sempre? Deus não faria nada para intervir nesse trágico fim? Também o coração sensível de sua mãe, Maria, dilacerado por uma espada de dor, buscava alguma resposta para aquele trágico desfecho da vida do seu querido filho. Como entender tudo o que tinha acontecido? Havia, realmente, necessidade de passar pela experiência terrível da dor e humilhação para demonstrar a grandeza do seu amor?
T.: Ó, Bom Jesus, como é grande a vossa bondade e insondáveis vossos projetos (cf. Sl 92).

L.2: Tudo se aquieta! Deus permanece em silêncio! A morte, a realidade mais temível e assustadora, é o último inimigo a ser enfrentado por Jesus. Ele desceu a "mansão dos mortos" para oferecer a todos o poder do seu amor transformador! Somente na madrugada do terceiro dia, o sofrimento do Bom Jesus encontraria seu significado na resposta extraordinária e maravilhosa da ressurreição! Nela, Deus revelou seu poder e manifestou definitivamente o sentido último de sua criação. A ressurreição de Jesus nos recorda que "Ele veio a este mundo para fazer novas todas as coisas" (Ap 21,5).

T.: A bondade do Senhor nos fortalece na força do seu Espírito (Ef 6).

Palavra de Deus (Jo 19,38-42)

L.: Depois disso, José de Arimateia, que era discípulo de Jesus, mas ocultamente, por medo dos judeus, pediu a Pilatos autorização para tirar o corpo de Jesus. Pilatos permitiu. Foi, pois, e tirou o corpo de Jesus. Acompanhou-o Nicodemos, aquele que antes tinha ido de noite encontrar-se com Jesus, levando umas cem libras de uma mistura de mirra e aloés. Tomaram o corpo de Jesus e o envolveram em panos com os aromas, como os judeus costumam sepultar.

No lugar em que ele foi crucificado havia um jardim e, no jardim, um sepulcro novo, no qual ninguém ainda tinha sido depositado. Foi ali que colocaram Jesus, por causa da Preparação dos judeus, pois o sepulcro ficava perto.

Silêncio e meditação

Partilha

Pai nosso...

T.: Ó, meu Bom Jesus, eu vos amo de todo o meu coração, porque junto a vós copiosa é a redenção. Fortificai a minha fé e inflamai o meu amor!
Maria, Senhora das Dores e Mãe do Perpétuo Socorro, rogai por nós!

Ave, Maria...

15ª estação

A RESSURREIÇÃO DO BOM JESUS

D.: Nós vos adoramos, Senhor Jesus Cristo, e vos bendizemos.
T.: Porque, pela vossa santa cruz, remistes o mundo!

Reflexão

D.: "Jesus ressuscitou", disse o anjo! "Ele está vivo! Não está mais entre os mortos Aquele que agora vive!" Sua ressurreição é a garantia de nosso destino. É a plenitude da realização da vida humana e divina, para a qual fomos criados. Jesus é o ungido de Deus, o Cristo salvador, nosso redentor, o primogênito da criação.

T.: Dai graças ao Senhor porque Ele é bom, eterna é a sua misericórdia.

L.1: O poder do amor triunfou sobre o mal. A vida venceu a morte! Agora, os discípulos, jubilosos, perguntam cheios de esperança: "Onde está, ó morte, o teu poder?" (1Cor 15,55). A ressurreição nos garante que o Pai não abandona aqueles que nele confiam. Ela é o sinal definitivo que confirma a intervenção divina em favor da causa do amor e da vida. Significa o triunfo da bondade, da misericórdia, da justiça, da paz, da esperança e da alegria em Cristo a todas as pessoas de boa vontade! A ressurreição é a resposta do poder de Deus para confundir a inteligência dos poderosos (cf. Sl 56). É o golpe final da graça de Deus sobre o pecado!

T.: Ó, Bom Jesus, venha sobre nós a vossa bondade, porque em vós nós esperamos com confiança (cf. Sl 32).

L.2: Alegremo-nos! Em Jesus se confirma a certeza do destino da vida humana!

Para este fim Ele nos conduz! Por isso Deus o constituiu como Senhor de toda a criação, a fim de orientar a humanidade segundo os ensinamentos do seu Evangelho. Sua ressurreição é o motivo da nossa esperança, pois "se com Ele morrermos, com Ele viveremos para sempre" (Rm 6,8). A ressurreição é o desfecho para a pessoa que faz sua opção por Jesus Cristo e procura orientar sua vida segundo seus ensinamentos! O Bom Jesus, nosso redentor, "é a ressurreição e a vida, quem nele vive e crê não morrerá jamais" (cf. Jo 11,25-26). Ele é "a luz da salvação prometida por Deus para guiar seu povo" (Is 9).

T.: A bondade do Senhor nos fortalece na força do seu Espírito (Ef 6).

Palavra de Deus

L.: Ler Lc 24,1-10, passagem que narra o aparecimento de Jesus ressuscitado às mulheres.

Silêncio e meditação

Partilha

Pai nosso...

T.: Ó, meu Bom Jesus, eu vos amo de todo o meu coração, porque junto a vós copiosa é a redenção. Fortificai a minha fé e inflamai o meu amor.
Maria, Senhora das Dores e Mãe do Perpétuo Socorro, rogai por nós!

Ave, Maria...

ORAÇÃO FINAL

Agradecimento

D.: Sabemos que o Bom Jesus, nosso redentor, ressuscitou dos mortos. A vida venceu a morte! Jesus é o caminho, a verdade e a vida! Cheios de fé e esperança, digamos:
**T.: Obrigado, Senhor, pelo dom de nossa vida.
Obrigado, Senhor, pelo vosso amor.
Obrigado, Senhor, pela vossa bondade.
Obrigado, Senhor, pela vossa fidelidade.
Obrigado, Senhor, pela vossa misericórdia.
Obrigado, Senhor, pela vossa presença.**

D.: Ó, Jesus, caminhai conosco, agora e sempre, santificando, iluminando e orientando a nossa vida, para que jamais nos afastemos de vós. Defendei-nos de todos os males e perigos e dai-nos a graça de sentir a vossa presença em todos os momentos desta vida!

Que a vossa bondade, Jesus, repouse sobre nós! Que ela nos abençoe, nos guarde, nos proteja e conduza os nossos passos.

T.: Que vossa bondade, Senhor, nos ensine os vossos caminhos e nos oriente segundo a vossa verdade. Torne fecundo o nosso trabalho e faça chegar a bom termo os nossos bons propósitos!

Assim seja!

Salve-Rainha

D.: Santa Mãe de Deus, Senhora das Dores, intercedei por nós diante de vosso amado Filho, sobretudo, pelos que sofrem e são vítimas das injustiças deste mundo! Alcançai-nos a graça da perseverança na vida cristã até o final de nossa peregrinação terrena.

T.: Salve, Rainha...

ORAÇÃO DIANTE DA IMAGEM DO BOM JESUS

Ó, Bom Jesus, meu amado Redentor, vida de minha alma, eu creio que sois o único bem a ser amado. Creio que sois aquele que me tem mais amor, porque chegastes a morrer consumido de dores por mim, só por amor.

Creio que nem nesta vida, nem na outra, haja maior felicidade do que vos amar e fazer a vossa vontade. Tudo isso creio firmemente e, por isso, a tudo renuncio para ser todo vosso e só a vós possuir. Ajudai-me pelos méritos de vossa Paixão e fazei-me ser como desejais que eu seja.

Verdade infalível, eu creio em vós.
Misericórdia infinita, eu confio em vós.

Bondade infinita, eu vos amo.
Amor infinito que vos destes todo a mim
na vossa Paixão e no Sacramento da
Eucaristia,
eu me dou todo a vós.
Amém!

*(Adap. Santo Afonso, in A prática do
amor a Jesus Cristo. Aparecida:
Ed. Santuário, 2002, cap. XV)*

ORAÇÃO DIANTE DA IMAGEM DE NOSSA SENHORA

"Maria, Senhora das Dores, Mãe do Perpétuo Socorro, esperança dos pecadores, sois tão poderosa junto de Deus! Tenho grande confiança em vossa intercessão; por vosso amor a Jesus Cristo, eu vos suplico: ajudai-me e fazei-me santo." Amém!

(Adap. Santo Afonso, in A prática do amor a Jesus Cristo, cap. XVII)

CANTO DAS ESTAÇÕES DA VIA-SACRA

1ª – A morrer crucificado,/ teu Jesus é condenado/ por teus crimes, pecador.
Pela Virgem dolorosa,/ vossa mãe tão piedosa,/ perdoai-me, Bom Jesus!

2ª – Com a cruz é carregado/ e do peso acabrunhado,/ vai morrer por teu amor.
Pela Virgem dolorosa,/ vossa mãe tão piedosa,/ perdoai-me, Bom Jesus!

3ª – Pela cruz tão oprimido,/ cai Jesus desfalecido/ pela tua salvação.
Pela Virgem dolorosa,/ vossa mãe tão piedosa,/ perdoai-me, Bom Jesus!

4ª – De Maria lacrimosa,/ no encontro lastimosa,/ vê a viva compaixão.
Pela Virgem dolorosa,/ vossa mãe tão piedosa,/ perdoai-me, Bom Jesus!

5ª – Em extremo desmaiado,/ de Simão é obrigado/ a aceitar consolação.
Pela Virgem dolorosa,/ vossa mãe tão piedosa,/ perdoai-me, Bom Jesus!

6ª – O seu rosto ensanguentado,/ por Verônica enxugado,/ contemplamos com amor.
Pela Virgem dolorosa,/ vossa mãe tão piedosa,/ perdoai-me, Bom Jesus!

7ª – Outra vez desfalecido,/ pelas dores abatido,/ cai por terra o Salvador.
Pela Virgem dolorosa,/ vossa mãe tão piedosa,/ perdoai-me, Bom Jesus!

8ª – Das matronas piedosas,/ de Sião filhas chorosas,/ é Jesus consolador.
Pela Virgem dolorosa,/ vossa mãe tão piedosa,/ perdoai-me, Bom Jesus!

9ª – Cai terceira vez prostrado,/ pelo peso redobrado/ dos pecados e da cruz.
Pela Virgem dolorosa,/ vossa mãe tão piedosa,/ perdoai-me, Bom Jesus!

10ª – Dos vestidos despojados,/ todo inteiro machucado,/ eu vos vejo, bom Jesus.
Pela Virgem dolorosa,/ vossa mãe tão piedosa,/ perdoai-me, Bom Jesus!

11ª – Sois por mim na cruz pregado,/ insultado e blasfemado,/ com cegueira e com furor.
Pela Virgem dolorosa,/ vossa mãe tão piedosa,/ perdoai-me, Bom Jesus!

12ª – Meu Jesus, por mim morrestes,/ por meus crimes padecestes,/ oh, que grande é minha dor!
Pela Virgem dolorosa,/ vossa mãe tão piedosa,/ perdoai-me, Bom Jesus!

13ª – Do madeiro vos tiraram/ e à Mãe vos entregaram,/ com que dor e compaixão.
Pela Virgem dolorosa,/ vossa mãe tão piedosa,/ perdoai-me, Bom Jesus!

14ª – No sepulcro vos deixaram,/ sepultado vos choraram,/ magoado o coração.
Pela Virgem dolorosa,/ vossa mãe tão piedosa,/ perdoai-me, Bom Jesus!

CÂNTICOS

1. Vós sois o caminho
(Pe. Vigine)

Vós sois o Caminho, a Verdade e a Vida,/ o Pão da alegria descido do céu.

1. Nós somos caminheiros/ que marcham para o céus./ Jesus é o caminho/ que nos conduz a Deus.

2. Da noite da mentira,/ das trevas para a luz,/ busquemos a Verdade,/ Verdade é só Jesus.

3. Pecar é não ter vida,/ pecar é não ter luz;/ tem vida só quem segue/ os passos de Jesus.

4. Jesus, Verdade e Vida,/ Caminho que conduz/ as almas peregrinas/ que marcham para a luz.

2. Prova de amor
(L.: Pe. José Weber e D. Carlos A. Navarro/ M.: Pe. José Weber)

Prova de amor maior não há/ que doar a vida pelo irmão.

1. Eis que eu vos dou o meu novo mandamento:/ "Amai-vos uns aos outros como Eu vos tenho amado".

2. Vós sereis os meus amigos se seguirdes meus preceitos:/ "Amai-vos..."

3. Como o Pai sempre me ama, assim também eu vos amei:/ "Amai-vos..."

4. Permanecei no meu amor e segui meu mandamento:/ "Amai-vos..."

5. Nisto todos saberão que vós sois os meus discípulos:/ "Amai-vos..."

6. E chegando a minha Páscoa, vos amei até o fim:/ "Amai-vos..."

3. Com amor eterno
(Ir. Míria T. Kolling)

Com amor eterno eu te amei,/ dei a minha vida por amor!/ Agora, vai também, ama o teu irmão;/ agora, vai também ama o teu irmão.

1. Já não somos servos, mas os teus amigos;/ à tua mesa nos sentamos pra comermos deste pão.

2. Que nossa amizade se estenda a todos;/ pois o Cristo nos ensina que o amor é dom total.

3. Terá recompensa até um copo d'água,/ o amor que é verdadeiro se traduz em gesto e vida.

4. Cristo, partilhando sua graça e vida,/ quer que unidos a vivamos também entre os irmãos.

5. Se permanecermos no amor de Cristo,/ viveremos sua mensagem de esperança e alegria.

6. O pão da alegria nos alimentou,/ que Ele seja nossa força e nos sustente a caminhada.

4. Perdoai-nos, ó Pai
(L.: Pe José Bortolini/ M: Ir. Míria T. Kolling)

Perdoai-nos, ó Pai, as nossas ofensas,/ como nós perdoamos a quem nos ofendeu!

1. Se eu não perdoar a meu irmão,/ o Senhor não me dá o seu perdão.

2. Eu não julgo para não ser julgado;/ perdoando é que serei perdoado.

3. Ajudai-me, Senhor, a perdoar;/ e livrai-me de julgar e condenar!

4. Vou ficar sempre unido em comunhão/ ao Senhor e também ao meu irmão.

5. Vou levar para a vida a união/ que floresce nesta santa Comunhão.

6. Vivo em Cristo a vida de cristão,/ sou mensagem de sua reconciliação.

5. Bendita sejais

Bendita sejais, Senhora das Dores!/ Ouvi nossos rogos, Mãe dos pecadores.

1. Ó Mãe dolorosa, que aflita chorais,/ repleta de dores, bendita sejais!

2. Manda Deus um anjo dizer que fujais/ do bárbaro Herodes, bendita sejais!

3. Que espada pungente vós experimentais,/ que o peito vos vara, bendita sejais!

4. Saindo do templo, Jesus não achais./ Que susto sofrestes! Bendita sejais!

5. Que tristes suspiros, então não lançais,/ que chegam aos céus! Bendita sejais!

6. Das lágrimas ternas, que assim derramais,/ nós somos a causa, bendita sejais!

7. Que dor tão cruel, quando o encontrais/ com a cruz às costas, bendita sejais!

8. O amado Jesus vós acompanhais/ até o Calvário, bendita sejais!

9. Entre dois ladrões, Jesus divisais/ pendente dos cravos, bendita sejais!

10. A dor ainda cresce quando reparais/ que expira Jesus, bendita sejais!

11. A todos que passam, triste perguntais/ se há dor como a vossa, bendita sejais!

12. No vosso regaço seu corpo aceitais. / Sobre Ele chorando, bendita sejais!

13. Com rogos e preces, vós o entregais/ para o sepultarem, bendita sejais!

14. Sem filho e tal filho, então suportais/ cruel soledade, bendita sejais!

15. Em triste abandono, Senhora, ficais,/ sem vosso Jesus, bendita sejais!

6. Bendita e louvada seja

1. Bendita e louvada seja/ no céu a divina luz. E nós, também cá na terra,/ louvemos a santa cruz!

2. Os céus cantam a vitória/ de nosso Senhor Jesus. Cantemos também na terra/ louvores à santa cruz.

3. Sustenta gloriosamente/ nos braços ao Bom Jesus; sinal de esperança e vida/ o lenho da santa cruz.

4. Humildes e confiantes,/ levemos a nossa cruz,/ seguindo o sublime exemplo/ de nosso Senhor Jesus.

5. Cordeiro imaculado,/ por todos morreu Jesus;/ pagando por nossas culpas,/ é Rei pela sua Cruz.

6. É arma em qualquer perigo,/ é raio de eterna luz;/ bandeira vitoriosa,/ o santo sinal da Cruz.

7. Ao povo aqui reunido,/ dai graça, perdão e luz!/ Salvai-nos, ó Deus clemente,/ em nome da Santa Cruz!

7. O povo de Deus
(Nely Silva Barros / Paulinas Comep)

1. O povo de Deus no deserto andava,/ mas a sua frente alguém caminhava./ O povo de Deus era rico de nada,/ só tinha a esperança e o pó da estrada./ Também sou teu povo, Senhor, e estou nessa estrada./ Somente tua graça me basta, e mais nada.

2. O povo de Deus também vacilava,/ e às vezes, custava a crer no amor./ O povo de Deus chorando rezava,/ pedia perdão e recomeçava./ Também sou teu povo, Senhor, e estou nesta estrada./ Perdoa, se às vezes não creio em mais nada.

3. O povo de Deus também teve fome,/ e tu lhe mandaste o Pão lá do céu./ O povo de Deus cantando deu graças,/ provou teu amor, amor que não passa./ Também sou teu povo, Senhor, e estou nessa estrada./ Tu és alimento da longa jornada.

4. O povo de Deus ao longe avistou/ a terra querida que amor preparou./ O povo de Deus sorria e cantava,/ e nos seus louvores seu amor proclamava./ Também sou teu povo, Senhor, e estou nessa estrada./ Cada dia mais perto da terra esperada.

8. Eu confio em Nosso Senhor
(Jorge Pinheiro)

Eu confio em Nosso Senhor/ com fé, esperança e amor (bis).

94

1. A meu Deus fiel sempre serei,/ eu confio em Nosso Senhor./ Seu preceito, oh! Cumprirei/ com fé, esperança e amor.

2. Venha embora qualquer tentação,/ eu confio em Nosso Senhor./ Mostrarei que sou sempre cristão/ com fé, esperança e amor.

3. E depois de uma vida com Deus,/ eu confio em Nosso Senhor./ Eu espero partir para os céus/ com fé, esperança e amor.

9. Te amarei, Senhor
(Paulinas Comep)

1. Me chamaste para caminhar na vida contigo./ Decidi para sempre seguir-te, não voltar atrás!/ Me puseste uma brasa no peito e uma flecha na alma.../ É difícil agora viver sem lembrar-me de ti!

Te amarei, Senhor!/ Eu só encontro a paz e a alegria bem perto de ti.

2. Eu pensei muitas vezes calar e não dar nem resposta;/ eu pensei na fuga esconder--me, ir longe de ti./ Mas tua força venceu e

ao final eu fiquei seduzido: é difícil agora viver sem saudades de ti!

3. Ó Jesus, não me deixes jamais caminhar solitário,/ pois conheces a minha fraqueza e o meu coração!/ Vem, ensina-me a viver a vida na tua presença,/ no amor dos irmãos, na alegria, na paz na união!